AF268191

TENDANCES GERMANIQUES

PAR

N. CHARBONNIER.

PRIX : 30 C^{mes}

DÉPOSÉ.

CHATELET

IMPRIMERIE A VAPEUR DE VEUVE G. DELACRE LITHOGRAPHE.

1870.

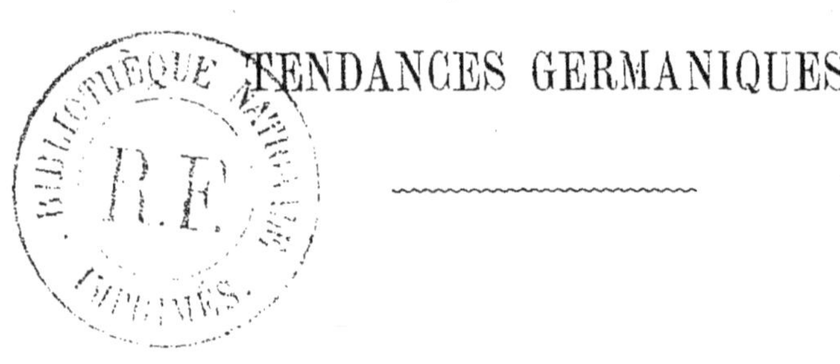

TENDANCES GERMANIQUES

Quand un peuple inscrit dans ses lois l'instruction obligatoire et l'égalité la plus absolue vis-à-vis de l'impôt du sang, s'il ajoute à ces éléments les conditions d'occuper au Nord un grand territoire avec une population nombreuse, ce peuple doit prendre une position de suprématie que toutes les autres nations liguées essaieraient peut-être en vain de lui ravir.

Telle est l'organisation que s'est donnée le peuple allemand, et la guerre actuelle est l'avant-dernière étape qui doit le conduire à la conquête de toute l'Europe.

Chez les Allemands, ni la profession, ni le rang, ni l'âge même dans les moments critiques ne dispensent d'être soldat.

On a compris que le premier intéressé à défendre le sol national était le propriétaire si grand qu'il fût, que le prolétaire ne devrait pas être seul astreint à se battre pour un bien dont il ne possède pas la plus petite parcelle, comme cela se pratique où fonctionne le tirage au sort.

Cette obligation générale n'est pas une innovation; reposant sur un fait naturel, la défense du territoire, elle est si bien acceptée que le gouvernement ne pourrait lui substituer aucun autre système militaire. Après les succès des armées françaises en Crimée et en Italie il fut un instant question d'adopter le système de recrutement français ; la répugnance populaire se manifesta avec tant d'énergie que le gouvernement abandonna complètement ce projet.

Les Germains à l'époque des invasions contribuaient tous de leurs personnes à la conquête ; la nation allemande restée fidèle à ces antiques usages se lève toute entière pour conserver ses conquêtes et en faire de nouvelles. Autrefois en chantant le Bardit, aujourd'hui le Vaterland, ils marchent tous ·unis et serrés sans aucune défection, malgré leurs griefs intérieurs.

L'armée allemande renferme toutes les classes de la société : ce mélange dans des moments solennels laisse à l'esprit des impressions salutaires et durables. L'homme du peuple, l'ouvrier, l'agriculteur si disposés aux illusions à cause de leur loyale simplicité, apprennent à estimer ceux qu'ils ne faisaient que craindre auparavant, et les victoires si chèrement payées de sang plébéien sont tout d'abord et uniquement escomptées au profit de la noblesse et de la royauté.

Chez les Français, le *Métier des Armes* existe à la lettre. On entre à l'armée pour s'y créer une position, ceux du moins que la conscription n'a pas enrôlés de force sous les drapeaux. En Germanie la plus grande partie sont soldats sans qu'ils aient rien à attendre de leur bravoure ou des services qu'ils ont rendus. Les ingénieurs, les médecins, les avocats, les gens de lettres, les négociants partagent tous les dangers de la guerre, non pour aspirer à de hauts grades militaires, mais simplement pour acquitter leur dette envers la patrie.

Le peuple allemand, quoiqu'en voie de formation, est plus homogène que le peuple français constitué depuis plusieurs siècles, circonstance très-importante pour la solidité d'une armée. Le grand nombre de dynasties, les formes variées de gouvernement par lesquelles celui-ci a passé en peu d'années sans avoir pu fixer son choix, ont affaibli sa cohésion, et en même temps sa confiance en lui-même. Il a montré aussi peu de dévouement pour la personne du souverain que peu d'attachement pour ses institutions politiques. Les caractères y sont devenus versatiles, parceque les convictions y sont peu fondées. L'armée qui se recrute chez un peuple semblable manque d'uniformité de vue ; elle ne sait pour qui ni pourquoi elle doit se battre : vingt courants contraires la traversent et détruisent le lien moral qui doit cimenter tous les rangs en une masse homogène. En France être soldat c'est pour la plupart être arraché à sa famille et à ses amis et être jeté dans un régiment avec des inconnus venant des quatre coins du pays, qui n'ont ni les mêmes coutumes, ni parfois pas le même langage: Défendre la patrie est une charge pénible et dangereuse dont les favorisés de la fortune ne manquent jamais de s'affranchir. Les Allemands recrutent encore leurs régiments comme les Germains du temps de Tacite, par cantons et par villes. Ils sont composés de soldats unis entre eux par les liens de parenté et d'amitié, et non seulement par les lois de la dicipline : ce qui leur donne un grand élément de force au jour du combat.

C'est avec un bien grand art que l'on a composé les armées allemandes : elles possèdent toutes les forces vives, toutes les forces intellectuelles, toutes les ressources morales de la nation. Toutes choses égales d'ailleurs, ces armées doivent être supérieures aux autres, si l'instruction la plus solide, si le dévouement à la patrie et au roi, si la confiance en des chefs éclairés, si des liens d'amitié doivent y jouer le rôle que toutes ces influences jouent dans n'importe quelle entreprise.

Aussi, c'est un bien grand spectacle que de voir marcher deux millions d'hommes sans murmurer, sans qu'il leur manque ni vivres, ni munitions. Qui pourrait douter que la charge écrasante de faire manœuvrer un nombre d'hommes si prodigieux, ne soit allégée considérablement par l'intelligente initiative de chacun? N'a-t-on pas toujours taxé d'exagération les historiens qui donnaient à Xerxès de quinze à dix-huit cent mille soldats lorsqu'il envahit la Grèce ?

Nous voyons non pas une multitude sans organisation comme devaient être les troupes de Xerxès, mais deux millions d'hommes aussi disciplinés que bien armés, et marchant aussi harmonieusement que les membres d'un même corps. C'est peut-être le phénomène social et politique le plus remarquable de notre temps.

Ce qui a perdu l'armée française, outre son mode vicieux de recrutement, c'est la guerre d'Afrique. Cette école en poussant le courage militaire jusqu'à l'exagération, en a fait une espèce de crânerie, un courage de parade contraire à la dicipline et à la vraie vertu civique. On n'y fit plus la guerre sérieusement mais en amateur. Ces erreurs graves à tout point de vue ont été partagées par les généraux eux-mêmes qui sont devenus plutôt soldats que tacticiens. Tous dans les combats contre les Arabes, ont été braves jusqu'à la plus audacieuse témérité, officiers et soldats ; mais ils se trouvaient en présence de troupes irrégulières, n'ayant aucune notion de stratégie et qu'une poignée d'hommes intrépides et résolus pouvaient mettre en déroute complète. Pour les Français, le rôle du général qui charge l'ennemi à la tête de ses bataillons, est bien plus brillant, plus dramatique que celui du froid stratégiste, qui grâce à de savantes combinaisons, enferme comme à Sedan toute une armée dans un filet. Qu'on se rappelle la guerre d'Italie, celle de Crimée, celle du Mexique, la guerre actuelle, et l'on constatera chez les généraux français le défaut de plan avant l'entrée en campagne, l'ignorance complète des lieux et des ressources de l'ennemi ; on dirait qu'on a toujours écarté systématiquement ceux qui pouvaient donner de sages conseils. Il est donc bien dangereux pour un peuple de ne plus vivre que pour le caprice d'un despote. L'armée n'était plus nationale, mais dynastique. Quelle catastrophe que Sedan ! Quel châtiment mérité ! Subir pendant vingt années le plus honteux despotisme après avoir connu la liberté, cela par cause des troubles ou des excès qu'une révolution salutaire peut apporter avec elle. Mais combien ces craintes étaient chimériques et funestes ! Mille révolutions, en les supposant démagogiques, n'auraient pas amené autant de malheurs sur la France ni creusé des plaies aussi hideuses et aussi profondes dans le gouvernement et

dans toute la société française. Qu'elles tombent les illusions
de ceux qui affirmaient qu'à la France il faut une main de fer
pour la conduire. Sedan restera à tout jamais comme le
digne couronnement d'une vie politique commencée par le
parjure, où les menaces aux faibles, la corruption, les dila-
pidations étaient les expédients et les ressources ordinairement
employés. Cet homme en était arrivé à redouter plus sa
nation que l'ennemi. Il entreprend une guerre patriotique,
et il refuse d'armer les citoyens qui demandaient instamment
de marcher à l'ennemi; prisonnier, il se fait l'accusateur de
ce peuple qu'il a perdu. « C'est le peuple qui a voulu la
guerre et non pas moi. »

Et la guerre d'Italie qui la provoquée! Et celle du Mexique!
Et la guerre du Danemarck, et celle de 1866 qui les a laissé
faire? En lançant cette accusation mensongère, il sait qu'on
s'emparera de cette parole pour raviver la haine des Allemands prête à s'éteindre contre ce peuple qu'il a corrompu
pendant vingt ans, et livré ensuite en pâture à l'étranger.
Folie chez cet homme, pitié pour ceux qui feignent de croire
à ces paroles pour continuer une guerre inhumaine.

L'affaire de Sedan semble avoir été la dernière trame
ourdie par Louis-Napoléon. Subitement relégué au dernier
plan après les désastres de Wœrth et de Spikeren, il comprit
que sa dynastie était gravement compromise. Ses dépêches
nous le montrent comme un esprit troublé et qui achève de
se perdre dans l'opinion publique par des mensonges mala-
droits dignes d'un enfant ou d'un fou. Acculé dans la position
terrible qu'il s'était créée, il essaya de s'y soustraire à
défaut de succès et de victoire, par une nouvelle catastrophe
qu'il appellera coup d'état. Cette manœuvre odieuse, inouïe
est en harmonie avec les œuvres de cet homme à qui l'on
peut appliquer : *Omnia serviliter pro dominatione* D'après
les révélations de Mac-Mahon, voici ce qui s'est passé dans
le cerveau de l'empereur malade de ruses et de fourbe-
ries : « Ne pouvant rentrer à Paris il n'était possible qu'à

« l'armée. Si l'armée de Mac-Mahon se retire sous les
« murs de Paris, seule position où elle pourrait sauver
« la France, où ira l'empereur ? Si cette armée sauve la
« France sans lui, que deviendra-t-il ? A tout prix il faut
« éloigner cette armée de Paris qui, écrasée ou victorieuse
« servira les intérêts de sa couronne et sauvera sa dynastie,
« peut-être. Victorieuse, il a une part et la plus grande du
« succès ; vaincue, la France n'a plus d'armée, les Prussiens
« marchent rapidement sur Paris, où la panique aura créé
« l'anarchie. Guillaume fera la paix plutôt avec le despote
« qu'avec les représentants d'un peuple libre. Au besoin il
« abdiquera en faveur de son fils et réclamera le séjour
« des Prussiens en France pour consolider un trône qu'il
« voulait affermir deux mois auparavant, par l'abaissement
« et le démembrement de la Prusse. » Voilà le dernier
rêve de cet homme qui joue encore et à qui les Prussiens
font jouer le rôle de souverain régnant.

Mais rentrons dans notre sujet dont nous nous sommes
un instant écartés. Par où les Allemands sont supérieurs
aux Français c'est parce qu'on peut appeler la force
d'expansion.

Les Germains émigrent partout, en Amérique et en Europe.
Ils ont réclamé à ce titre le Sleswig-Holstein, comme ils
réclameront l'Alsace et la Lorraine, plus tard la partie
allemande de l'Autriche, plus tard les côtes de la Baltique.

La France sous ce rapport ressemble à un vieillard qui
se confine et s'isole dans sa maison. De toutes ses colonies
autrefois si florissantes, elle n'en a conservé aucune. Qu'a-
t-elle fait de l'Afrique magnifique colonie qui se trouve à
ses portes et où elle pourrait verser le trop-plein de sa population ?

Les peuples du Nord restent toujours jeunes et vigoureux :
leur population s'accroît quatre fois plus rapidement qu'en
France malgré leurs envois dans toutes les parties du monde.

Toutes les qualités par où brillent les Allemands, en font malheureusement un peuple envahisseur tel qu'il a toujours été.

Défions-nous d'un peuple qui admet l'armement en masse même en temps de paix, qui se donne une organisation militaire si savante qu'il peut lancer en quinze jours un million d'hommes sur le territoire ennemi, et qui permet au gouvernement de consulter la Chambre suivant son bon plaisir.

L'Europe entière devra constamment avoir l'arme au bras.

Les Allemands en 1870 n'ont pas plus de libertés politiques que les Germains lors des invasions : ils ont une constitution que je veux croire bien rédigée mais qui pour M. de Bismarck n'est qu'une lettre morte : elle n'est pas inscrite dans les cœurs ni passée dans les mœurs comme en Belgique et en Angleterre : dans de telles conditions, les Allemands sont un peuple dangereux pour leur voisins comme ils l'étaient dans les derniers temps de l'Empire Romain. De mêmes que les empereurs romains étaient obligés d'attaquer les Germains parceque ceux-ci envahissaient constamment l'Empire, de même si la déclaration de guerre au mois de juillet est venue de la France, les instincts de ces mêmes peuples du Nord et l'Unité de l'Allemagne voilà surtout les causes de cette guerre et non le caprice ou l'ambition d'un souverain.

Au bout d'un certain temps l'exubérance de leur population les force à s'expatrier. Les Borusses sont restés germains. Rien n'est changé. Ce sont bien ces mêmes hommes d'une stature gigantesque, chastes et honnêtes, aux yeux bleus, au regard farouche, combattant avec une fanatique résignation pour leurs chefs et jamais pour améliorer leur situation politique. C'est bien le même peuple se dédoublant en peu d'années malgré ses colonies parmi le globe. C'est encore ce peuple placé sous un climat rigoureux, forcé à un travail rude et pénible qui développe à la fois le corps et l'intelligence. Pour honorer ses ancêtres il conserve le plus scrupuleusement ses antiques coutumes ; ennemi de la nouveauté, ses convictions lui paraissent d'autant plus solides qu'elles ont l'appui et la consécration des siècles. Il a plus de sentiment que d'esprit ; l'ardeur que d'autres emploient à propager des idées de liberté, il la consacre tout entière à la défense de la patrie et de la dynastie.

On le remue facilement avec des idées poétiques comme la patrie, l'unité allemande. Quoi de plus beau que de regreffer sur la même tige tous les rameaux et toutes les branches qui en étaient détachés ! Aussi impressionnable que résolu et tenace, le peuple allemand est prêt à tous les sacrifices pour réaliser cette entreprise gigantesque.

Dans la prévision de grands obstacles, il s'est donné un armement formidable. Bismarck a méprisé la constitution, il a fait plus, il a trompé la nation, mais pour l'unifier et l'agrandir. Les Allemands aveuglés par le succès, se moquent de la Chambre qui avait eu la prétention de discuter et même de rejeter le budget de la guerre. Ces mêmes Allemands si honnêtes et si intelligents sont bien plus fiers de Bismarck que des députés qui avaient eu la bonacité de croire aux libertés politiques octroyées. Si pendant huit ans la Chambre a été une lettre morte, Bismarck n'a-t-il pas assuré la suprématie de la Prusse en Europe ? Peu importe que le budget de la guerre ait été si élevé qu'on n'a pas osé le faire connaître à la nation, si les autres nations vaincues paient toutes les dépenses faites pour les écraser ? A y regarder de près cependant, une cause doit être condamnée dès qu'elle enlève à un peuple ses libertés politiques, et surtout à un peuple qui se vante d'être le plus instruit de l'Europe, par conséquent le plus apte à les posséder, et qui passe à juste titre pour le plus calme et le plus attaché à sa dynastie. Il doit être permis de croire que les institutions libres ne sont en Allemagne qu'un leurre et qu'un fantôme, que le gouvernement y craint le contrôle d'une opinion publique et que l'unité allemande patronnée par Bismarck n'est qu'un prétexte à l'agrandissement de la Prusse. Bismarck sait très-bien que rien n'est si contraire à la guerre de conquête que la liberté politique. L'instruction, la liberté d'examen si largement pratiquée en Allemagne, ne suffisent pas pour établir chez un peuple les libertés politiques, il faut de plus l'aisance individuelle qui donne l'indépendance et la dignité de caractère.

La liberté n'est pas venue des campagnes et n'existera jamais pratiquement chez un peuple agricole ; elle est née dans les grandes communes, où les travailleurs aisés s'associaient et payaient tantôt en écus sonnants, tantôt de leur propre sang les libertés qu'ils arrachaient à leur tout puissant seigneur. L'état agricole est un acheminement, et non une destinée. La liberté d'examen chez les Allemands doit être considérée par l'usage qu'ils en ont fait depuis trois siècles comme un grand palliatif à l'absence des libertés politiques : Dieu peut y être discuté, non le Roi.

Pour résumer en un mot les qualités et les défauts des deux peuples qui oublient en ce moment les lois de la civilisation, nous dirons que le peuple français est plutôt fait pour l'agitation, le peuple allemand pour l'action.

Les Allemands du 16ᵉ et du 17ᵉ siècle ont combattu pour la liberté de conscience et en même temps renverser l'Empire d'Allemagne. Ils furent aidés dans cette lutte par Henri II et Henri IV, Richelieu et Mazarin achevèrent l'œuvre commencée et l'Allemagne se regarda libre et indépendante quand l'Empire eut fini d'exister. Aujourd'hui ces mêmes Allemands écrasent la France qui veut s'opposer au rétablissement de l'Empire. Qui aura été le plus sage de l'Allemagne de 1870 ou de celle du 17ᵉ siècle ?

Napoléon devait suivre plus exactement et plutôt les traditions françaises, ne pas permettre le démembrement du Danemarck, ni surtout laisser jeter hors de la Confédération germanique 10 millions d'Allemands-Autrichiens qui faisaient contrepoids à l'influence de la Prusse. Il aurait dû comprendre que cette expulsion nécessaire pour faire graviter le reste de l'Allemagne autour de la Prusse ne serait que momentanée et que ces dix millions chassés par la Prusse de la Confédération doivent rentrer dans l'empire Prussien. Bismarck aura fondé cet empire en quatre étapes ; la première, la guerre du Danemarck où l'on vit pour la première fois toute l'Allemagne réunie fondre sur un pauvre petit pays ; la 2ᵉ la guerre contre l'Autriche qui laisse à la Prusse la direction de l'Allemagne ; la 3ᵉ, la guerre contre la France : la 4ᵉ, le dépècement de l'Autriche en deux lots.

Pour réaliser le projet qui mettra le comble à la grandeur du Machiavel prussien, Bismarck doit avant tout non pas réduire la France au rang de puissance de second ordre, mais l'anéantir complètement, s'assurer le concours de la Russie et se mettre en mesure de combattre l'Angleterre.

Pour ne plus retrouver dans la France un obstacle, Bismarck veut non seulement la destruction des armées françaises jusqu'au dernier soldat, la possession de la Lorraine et de l'Alsace pour rendre le Rhin infranchissable, la moitié de la flotte pour être prêt à tout évènement, l'épuisement de la France par des réquisitions et des représailles terribles, il veut en outre s'emparer de tout le matériel de guerre. Voilà pourquoi on s'acharne tant à prendre Paris et Metz, les deux arsenaux français. Outre la satisfaction que doit donner à l'amour-propre national allemand le sac de Paris, la France devra laisser entre les mains des vainqueurs toutes ses munitions de guerre. Tel est le sort qui attend la France si par une levée en masse elle ne fait un suprême effort, ou si les grandes puissances ne comprennent pas que c'est le moment d'intervenir.

Quel secours efficace pourrait apporter à l'Autriche une France ainsi morcelée, affaiblie, ruinée, désarmée et avec tous les embarras réels d'une République naissante ou d'une Restauration ? Bismarck avec son habileté ordinaire profitera de la faiblesse d'un adversaire qu'il aura faite à dessein, et sans laquelle il ne pouvait réussir et se hâtera d'engager cette nouvelle lutte avant que la France soit réorganisée.

L'Autriche sera-t-elle fort à craindre ? Aux Allemands-Autrichiens on montrera que leur rentrée dans la patrie les délivrera de tous les difficultés que leur créent les Tchèques et les Hongrois réclamant leur autonomie ; de même que les molécules s'agrègent à des parties plus considérables, de même, ils seront attirés vers la masse allemande. L'Autriche sera toute étonnée de voir pénétrer chez elle dans un bref délai les armées qui auront fait la campagne de France, en même temps que les cosaques feront irruption dans la Hongrie. L'alliance de la Prusse et de la Russie est devenue une nécessité de la situation.

L'idée de l'unité ressemble à un quartier de roche que Bismarck a amené au bord d'une montagne et auquel il a imprimé le mouvement de descente ; une fois sur la pente, Bismarck ne peut plus l'arrêter. L'unité allemande commande impérieusement, logiquement le démembrement de l'Autriche et il ne dépend plus des hommes de l'empêcher en présence de l'état des esprits. La répétition de 1866 se fera en 1872 sur une plus grande échelle. L'Autriche est composée d'Allemands et de Slaves : l'alliance est naturellement faite avec la Russie qui prendra les Slaves et laissera les Allemands agrandir l'Empire Prussien. Comme l'Italie à pu s'emparer de la Vénétie en 1866, la Russie trouvera dans son lot une partie de la Bohême, la Gallicie, la Hongrie avec les principautés Danubiennes et Constantinople, objet de ses éternelles convoitises.

La Prusse donnera d'autant plus volontiers les Slaves à la Russie même avec Constantinople que une fois la grande unité allemande accomplie la Russie ne sera qu'un fétu de paille dans la main des Allemands. La Russie aura toujours des steppes immenses, des peuples nomades, un climat trop rigoureux, une population trop rare et trop pauvre, des communications difficiles, sans parler des embarras que lui créeront les peuples nouvellement conquis. Jamais elle ne pourra mettre sur pied des armées aussi aguerries et aussi nombreuses que la Prusse. Celle-ci n'a donc rien à craindre d'un agrandissement de la Russie à qui elle tiendra peut-être le même langage qu'à Napoléon après Sadowa. Il est incontestable que les Autrichiens-Allemands seront plus vite incorporés à la Prusse que les Hongrois à la Russie. Bismarck est si adroit, si profond politique, que sa besogne terminée il ne se souciera plus de son alliée.

Dans le cas où il respecterait l'alliance jusqu'au bout, la Prusse et la Russie trouveront dans l'Angleterre une puissance ennemie bien déclarée, qui s'opposera de toutes ses forces à l'établissement de deux grands Empires : l'un d'Orient et l'autre d'Occident. Napoléon 1er ne s'est pas beaucoup trompé quand il prophétisait : dans cinquante ans, l'Europe sera républicaine ou cosaque, c'est prussienne et cosaque qu'il a voulu dire ; et il aurait pu ajouter grâce à moi et à ma dynastie. Je ne sais si les grands conquérants ont jamais fait avancer leur siècle ; ils ont plutôt compromis leur nation après l'avoir décimée. Partout et toujours, les lauriers ont étouffé la liberté. Guillaume ne rapportera-t-il pas de sa campagne des Gaules, comme autrefois César aux Romains, des lauriers dorés avec des milliards, et des chaînes pour ses sujets? Où sera la place pour la liberté en présence de ces deux grands empires qui ne peuvent se maintenir que par la centralisation la plus puissante qui n'est autre qu'une dure compression? Sans aucun doute la Prusse essaiera de faire la paix avec Napoléon plutôt qu'avec un gouvernement libre non pas par crainte de l'irruption des armées françaises, mais des idées de liberté. Elle ne voudra pas faire la paix avec une république qui serait à ses portes et l'inquiéterait bien davantage qu'un puissant empire. A l'envers des Etats-Unis qui n'ont pas toléré l'Empire du Mexique, l'Empire Prussien doit empêcher en France le rétablissement de la vie politique.

L'Angleterre ouvrira-t-elle les yeux ? comprendra-t-elle que la liberté est intéressée au maintien d'une république française puissante ? N'a-t-elle pas à craindre plus tard le sort de Carthage si elle laisse démembrer l'Autriche ?

Si l'Angleterre sort de sa théorie égoïste, elle ne peut attaquer l'Allemagne que par la frontière hollando-belge. Metz et Strasbourg aux mains des Prussiens défieront toute attaque sur le Rhin ; la Baltique, nous l'avons vu dans cette guerre a des côtes inabordables.

Elle doit donc s'assurer tout d'abord la coopération de la Belgique et de la Hollande ; et comme ces deux petits pays constituent le seul côté vulnérable de la Prusse, cette dernière puissance tâchera de les occuper avant sa rivale. Il est bien clair que tout le succès de cette guerre dépendrait de la possession des bouches de l'Escaut par la Prusse pour empêcher l'Angleterre de s'appuyer sur Anvers et le ravitailler au besoin.

La Belgique et la Hollande s'associeraient-elles aux efforts de l'Angleterre pour sauver la liberté en Europe ou entreraient-elles dans l'Unité allemande ? Pas d'autre alternative.

Un empire comme celui de Prusse peut-il rester séparé de la Mer du Nord par une si petite zône de terre que la Belgique et la Hollande qui avec le Danemarck lui donneraient cent lieues de côtes sur la Mer du Nord ? Et quand on voit aux quatre coins de cet Empire des peuples qui ne sont pas Allemands des Danois et des Polonais au Nord, et bientôt des Français à l'Ouest, peut-on encore croire que la non idendité de races empêchera les Prussiens de s'annexer la Belgique et la Hollande ? N'est-il pas dans les destinées des grands Empires de reculer constamment leurs limites pour pouvoir se maintenir ? Semblables à un arbre qui, à mesure qu'il s'élève devient plus exposé aux coups de vent, ne sont-ils pas sujets à mille vicissitudes et froissements que ne connaissent pas les petits états ? Par un singulier caprice de la fortune l'humeur du souverain devient malgré lui d'autant plus susceptible qu'il préside aux destinées d'un grand peuple. Il n'est plus permis à personne de boire sans être accusé de troubler le breuvage du redoutable voisin. Combien de fois Napoléon n'a-t-il pas accusé le Belgique à la façon du loup de la fable ? La Prusse n'échappera pas à ces lois de convenance et voudra incorporer la Belgique et la Hollande en les médiatisant ou en laissant fonctionner la Royauté. Nous ne consentirons pas de gré à cette absorption. Chez nous la monarchie est tellement identifiée avec le peuple qu'elle ne voudra pas accepter le rôle de certains rois qui politiquement parlant sont un peu moins qu'un lieutenant prussien.

Pourrions-nous y échapper par la force ? Oui. La force prime le droit, prête-t-on à Bismarck. C'est une vérité de fait de la plus rigoureuse exactitude; dans la vie des peuples, le fort seul est respecté. Ainsi l'Angleterre peut livrer des armes à la France parceque elle ne craint pas la Prusse; nous serions envahis immédiatement si nous étions soupçonnés d'avoir vendu un révolver à la France. Sans notre armée nos plaines eussent servi de nouveau de champ de bataille et nous eussions éprouvé le triste sort de la Lorraine et de l'Alsace.

L'esprit public va se fausser en Allemagne comme il s'est perverti en France sous Napoléon. Entendons-nous une seule voix d'un philosophe ou d'un libéral ou d'un républicain parler au nom de la liberté et de l'humanité ? N'ont-ils pas tous entonné le chant de guerre? Bismarck se voit forcé, dit-on, d'obéir à l'opinion publique qui réclame l'Alsace et la Lorraine, et il a toujours fait fi de cette même opinion publique réclamant l'usage de sa Constitution. D'un peuple tout-à-fait bon, intelligent, honnête, mûr pour la liberté, et si calme qu'il n'en connaîtrait pas les excès, Bismarck en a fait un peuple guerrier et conquérant. On n'accoutume pas impunément deux millions d'hommes à vivre sous le régime des lois de la guerre où réquisitions, représailles, espionnage sont devenus légitimes, mais ces moyens n'en blessent pas moins les lois inscrites dans nos cœurs.

Si la guerre est un moyen inique de résoudre une difficulté, les lois qui régissent la guerre ne peuvent être quelque chose de bon pas plus que l'invention d'un engin très-destructeur n'est une bonne invention. La fin ne peut en aucun cas justifier ces moyens, et la défense de la patrie ne suffit jamais pour absoudre quelqu'un qui a joué le rôle d'espion, un général qui par représailles a mis toute une ville au pillage, ou forcé une ville de se laisser brûler et bombarder.

Un peuple ne doit pas mettre la patrie au-dessus de l'humanité. Déplorons l'aveuglement des Français et des Allemands qui pour la possession de la Lorraine et de l'Alsace vont sacrifier deux à trois cent mille hommes. Ce n'est pas ces deux provinces qui donneront la liberté à la France ni le bonheur aux Allemands. Les grands peuples commettent de bien singulières inconséquences. Ils ont chez eux des millions d'hectares en trop puisqu'ils les laissent incultes, et ils font périr des milliers d'hommes pour prendre le lopin de terre du voisin. Leurs ressources ne leur permettent pas de consacrer quelques millions de plus à l'agriculture et aux travaux publics. Une folie furieuse s'empare du cerveau de Napoléon, et voilà que pour tuer on trouve des milliards. L'amour de la patrie ainsi entendu n'est plus qu'une espèce d'égoïsme et le pire de tous parcequ'il est le plus vain, le plus sot et le plus cruel.

La terre voilà la patrie ; partout où se trouve l'homme nous devons trouver en lui un frère et non un ennemi. Le mot patrie sert bien plus les rois que les peuples dont les intérêts ne leur commandent jamais de s'entrégorger.

Il importe peu pour la perfection de l'homme que l'on soit allemand ou français : mais ce qui est de toute importance c'est que l'homme soit libre sur le sol qu'il habite.

Les sages institutions voilà ce que l'homme est tenu de

sauvegarder contre toute attaque, au prix des plus grands sacrifices, parceque privé de ces institutions libres, il reviendrait aux siècles barbares et mêmes aux instincts de la bête. Dieu nous garde d'appartenir à un grand peuple qui sera toujours plus soucieux de reculer ses frontières que de se donner la liberté. Mais gardons-nous bien de compter uniquement sur notre droit qui pour les diplomates n'est qu'une fiction. Armons toute la Nation comme en Allemagne. Avec un pareil systême, la Belgique et la Hollande pouraient mettre 500,000 hommes sous les armes. En cas d'attaque, retranchés dans Anvers, soutenus par l'Angleterre tenant la mer, ces 500,000 hommes libres défieraient les efforts de l'Allemagne.

Aucun sentiment d'hostilité n'a dicté ces lignes : Les évènements mènent les hommes ; et nous avons voulu prouver que telle situation peut surgir qui enlève aux hommes leur liberté d'action et les fait concourir malgré eux à des actes qu'ils réprouvent. Voilà le sens dans lequel il faut interpréter les projets que nous supposons à M. de Bismarck. L'amour pour l'humanité, le respect pour la liberté, voilà ce qui nous a inspiré et que le lecteur voudra bien y trouver.

CHATELET, IMP. V⁰ G. DELACRE.